3 1994 01285 1397

6/08

SANTA ANA PUBLIC LIBRARY

D0621265

ANIMALES CARROÑEROS

Los glotones

J SP 599.766 MAR
Markle, Sandra
Los glotones

$25.26
CENTRAL   31994012851397

SANDRA MARKLE

EDICIONES LERNER / MINNEAPOLIS

EL MUNDO ANIMAL ESTÁ LLENO DE CARROÑEROS.

Los carroñeros son la patrulla de limpieza que busca y come carroña (animales muertos) para sobrevivir. Todos los días nacen y mueren animales. Sin los carroñeros, los cadáveres de animales se pudrirían lentamente. La carne en descomposición olería mal y ocuparía espacio. Además, podría contaminar el agua y atraer moscas y otros insectos transmisores de enfermedades. Afortunadamente, en todos lados los carroñeros comen animales moribundos o muertos antes de que tengan tiempo de pudrirse. En los bosques y la abierta tundra del norte de Europa, Siberia y América del Norte, los inviernos son largos y crudos. *En este riguroso ambiente, los glotones integran la patrulla de limpieza de los carroñeros.*

Es una tarde de marzo en el norte de Canadá. Desde lo alto, la luna llena crea sombras en los escarpados picos de las nevadas montañas Rocallosas. En el bosque que se encuentra más abajo, los copos de nieve, diminutos como polvo centelleante, se arremolinan en el gélido viento. Una ráfaga repentina suelta parte de la nieve en las ramas de un gran pino. Atrapada en esta helada precipitación, una glotona se detiene lo suficiente para sacudirse la nieve de su lanudo pelaje. Cuando corre, su largo cuerpo se encorva y se estira como un gusano medidor gigante. Puede conservar ese ritmo durante horas. Fácilmente puede cubrir 18 millas (30 kilómetros) cada noche en busca de alimento.

La glotona generalmente orina la nieve para dejar su rastro. Como también tiene glándulas odoríferas en el vientre, al arrastrarlo en la nieve, deja otra marca olorosa. Cada glotona tiene su territorio, un área que conoce bien. Los marcadores de rastro que ella deja indican a los demás glotones que están en territorio ajeno.

Un poco más lejos, la hembra detecta el fuerte olor de la carroña. Con precaución, trepa a un árbol caído para mirar a su alrededor. Luego saca y mete la lengua para "probar" los olores que hay en el aire. Los glotones perciben el mundo que los rodea tanto por su olfato como por su vista. A medida que se acerca, otro olor le indica no correr hacia la carroña. Es el olor de los lobos, depredadores que matan a otros animales para devorarlos.

La glotona obedece lenta y atentamente a lo que su olfato le indica acerca del alimento y de los lobos. Incluso antes de verlos, ya los oye gruñir y refunfuñar. Si los lobos estuvieran por terminar, la glotona esperaría a que se fueran, pero apenas se encuentran compitiendo por la presa.

Si los lobos la ven, es probable que la ataquen. Estos depredadores tienen el doble de su tamaño, así que ella se retira. Su gran memoria la ayudará a encontrar nuevamente este lugar del bosque más tarde. Cuando los lobos estén satisfechos y se hayan ido, ella podrá acercarse para ver si quedaron sobras del cuerpo del animal muerto.

En lugar de esperar, va a un lugar donde había enterrado sobras de otra comida. Con sus fuertes garras, cava a través de la capa de hielo formada sobre la nieve y en el suelo congelado. El pelaje que cubre la parte inferior de sus patas la protege de los filosos pedacitos de hielo y de la fría nieve. Finalmente, encuentra su recompensa: un trozo congelado de carne de ciervo.

La glotona lame y roe la carne hasta que, pedazo a pedazo, logra descongelarla para arrancar con un mordisco un poco de la carne del hueso. La traga y lame y roe un poco más. Los glotones tienen grandes dientes en forma de cono y poderosas mandíbulas con fuertes músculos. Después de comer toda la carne, tritura el hueso para llegar a la médula. También traga fragmentos del hueso que luego desechará en sus excrementos.

Cuando la glotona ha terminado de comer, está nevando otra vez y se escucha el ruido del viento. La glotona cava un túnel en un banco de nieve. Luego se mete para dormir mientras afuera brama la tormenta.

Al día siguiente, cuando la tormenta ha pasado y el sol brilla, la hembra sale, trepa a un árbol y se estira sobre una rama. Allí está a salvo de los depredadores. Protegida contra el frío viento por su tupido pelaje, dormita y disfruta de los cálidos rayos del sol. Duerme la mayor parte del día y sólo se mueve si un ruido la sobresalta. Mira a su alrededor y sigue durmiendo.

Por la tarde, la glotona se despierta y baja del árbol. En lo alto, la luna, cual esfera plateada resplandeciente, brilla sobre la nieve e ilumina el cielo. La glotona puede ver bien con esta luz tenue. Encuentra fácilmente otra vez el camino hacia los restos de la presa de la manada de lobos. Al acercarse, se detiene para olfatear el aire y escuchar si hay alguna señal de peligro. Cuando comprueba que el terreno es seguro, se dirige a los restos del ciervo muerto y comienza a roer la carne congelada. Pronto detecta otro olor. Un joven oso pardo ha despertado de su sueño invernal y busca comida.

La glotona emite un resoplido explosivo. Alarmado, el joven oso gruñe, pero no interrumpe su paso hacia la glotona y el cuerpo del animal muerto. La glotona gruñe y expulsa sustancias químicas hediondas de las glándulas anales que tiene bajo la cola. El oso olfatea el desagradable e intenso olor. Duda. Vuelve a gruñir, baja la cabeza y ataca. La glotona gruñe y muerde, pero no es rival para el oso. Se libera y se aleja a toda velocidad.

Cuando se siente a salvo, la glotona disminuye la marcha. Continúa a este ritmo hasta que el día se hace noche. Finalmente, su agudo sentido del olfato otra vez la guía hacia un alimento. Esta vez, es un viejo ciervo que pocas horas antes murió de hambre. La glotona es la primera en encontrarlo y enseguida comienza a devorar la carroña.

Al oír un crujido, deja de comer y observa. Cuando mira fijamente en la noche, la capa reflejante del fondo de sus ojos hace que éstos brillen bajo la luz de la luna. Como el sonido no indica ningún peligro, sigue comiendo. Esta noche, cuando se sienta satisfecha, todavía le quedará comida. Entonces, la glotona cava un hueco en la nieve y entierra un trozo para otro momento.

Su próxima parada es una guarida que hizo para cuando estuviera en esta área de su territorio. La glotona cava y retira rápidamente la nieve que bloquea la única entrada. Adentro hay una red de túneles y cámaras. Algunas de ellas tienen alimento almacenado. La glotona se arrastra para bajar a una de las cámaras que usa para dormir. Unas horas más tarde, da a luz a dos crías.

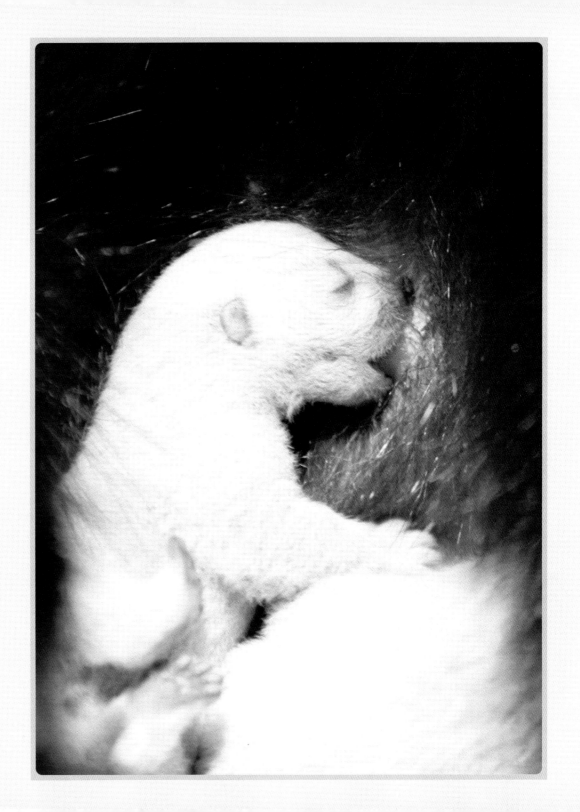

Las crías, un macho y una hembra, parecen gatitos recién nacidos. Tienen los ojos cerrados, pero ya detectan olores. Se arrastran hacia el olor de la leche materna, buscan el pezón de la madre y maman. Luego se cobijan bajo su pelaje y duermen. Los dos primeros días, la glotona no se aleja de sus crías. Después, cuando el hambre la obliga a buscar comida, va a un túnel lateral donde ha reservado alimento. Las crías sólo tienen un delgado pelaje. Para mantenerse calientes, se acurrucan una contra otra hasta que la madre regresa.

Durante la primera semana de vida de las crías, la glotona permanece en la guarida. Consigue alimento de la reserva que tiene en las cámaras de la guarida. Usa una cámara vacía para depositar sus excrementos. Al permanecer cerca, mantiene a las crías calientes y las deja mamar con frecuencia. Las crías pronto crecen y alcanzan el tamaño de un hámster. Un pelaje lanoso y gris reemplaza al pelaje blanco y delgado que tenían al nacer. Cuando la hembra debe dejar a las crías para buscar alimento nuevamente, éstas ya están en condiciones de mantenerse calientes por sus propios medios. Sin embargo, la glotona no las deja solas mucho tiempo, sólo se aleja lo necesario para desenterrar un trozo de liebre de las nieves que había reservado fuera de la guarida antes de que las crías nacieran.

Cuando las crías tienen ocho semanas de edad, abren los ojos. La nieve se derrite y los días son mucho más largos. La madre las lleva en la boca, una por una, hasta una nueva cueva que se encuentra entre grandes rocas. Es el hogar perfecto para los jóvenes y activos glotones. Las salientes rocosas son lugares ideales para trepar y explorar. Para las crías es un juego, pero también una forma de desarrollar músculos fuertes y de lograr coordinación. Si un lobo, un puma u otro depredador se acerca, pueden entrar rápidamente en la guarida para refugiarse.

Cuando las crías tienen diez semanas de edad, la madre las traslada nuevamente. Esta vez, la nueva guarida está en la base de un alto árbol seco. Su interior será un refugio para las lluvias de primavera y un escondite donde protegerse de los depredadores. Cuando no duermen, las crías pasan casi todo el tiempo fuera de la guarida. Cuando trepan y exploran las ramas de los árboles, se llaman una a otra con sonidos que parecen risitas.

Un día, el pequeño macho trepa más alto que nunca. Cuando se detiene y mira a su alrededor, se queda inmóvil. Se aferra a la rama que lo sostiene y emite un estridente grito de pánico: "¡Mau-mau-mau! ¡Mau-mau-mau!".

La glotona está lo suficientemente cerca como para escuchar
el grito de socorro de su cría y va corriendo. De repente, la madre ve un gran
glotón macho que se acerca a la cría. Los glotones machos a veces matan las
crías que están solas. La hembra se apura a salirle al paso. Cuando los dos
adultos se encuentran sobre un árbol caído, la hembra gruñe y no cede
terreno. El macho también gruñe. Cuando la hembra avanza, el macho se
marcha, ya que no quiere arriesgarse a sufrir heridas en una lucha. El
intruso se ha ido y la hembra va hasta el árbol y llama a la cría. Al principio,
el joven macho, asustado, sigue aullando. Se toma del árbol con fuerza. La
madre lo llama una y otra vez. Finalmente, el pequeño baja. Se acurruca
contra el pelaje materno y mama.

Las crías dejan de mamar cuando tienen unos tres meses de edad. Nacen con unos dientecitos llamados dientes de leche, pero ahora están apareciendo los dientes adultos. La madre ha empezado a darles alimento para adultos. Les lleva trozos de carne y hueso a la guarida para que las crías roan.

A los cuatro meses de edad, las crías siguen a la madre cuando sale a buscar los alimentos. Al observar a su madre, desarrollan la habilidad de buscar la comida. Otra lección que aprenden es que trepar a un árbol es una buena forma de poder mirar los alrededores desde lo alto y de escapar de los depredadores. Y cuando la madre sube una pata de ciervo al árbol, las crías aprenden una forma de proteger el alimento.

A fines de julio, las crías son casi adultas y a veces salen solas en busca de alimento. La joven hembra descubre un lugar donde vio que su madre reservaba alimento. Olfatea el alimento y lo lleva a una roca para comérselo. Permanece dos días alejada antes de regresar con su madre.

El joven macho también busca alimento solo. Y cuando huele una liebre, se acerca furtivamente y la ataca. Esta deliciosa comida le enseña que puede dominar y matar a una presa. No necesita depender solamente del alimento que encuentra ya muerto.

Durante las semanas siguientes, los jóvenes glotones siguen buscando alimento solos parte del tiempo. Otras veces, siguen a su madre y comen los animales muertos que ella encuentra. Luego, una noche, el mundo cambia cuando la primera nevada cae y cubre los árboles y el suelo. Los jóvenes glotones de pronto vuelven a jugar, rodando y revolcándose en la nieve.

Durante el primer invierno, los jóvenes glotones permanecen en el territorio de su madre, lo cual les resulta conveniente ya que buscan alimento en un área que conocen bien. A veces, cuando el alimento es escaso, siguen a su madre y comparten sus reservas.

Hacia el final del invierno, el joven macho abandona a su madre y a su hermana. Mientras busca alimento, se aventura en un nuevo territorio. Al no encontrar rastros de otros glotones machos, reclama el área como territorio propio.

La joven hembra también busca alimento sola, pero permanece en el territorio de su madre. Compartirá este territorio durante uno o dos años más. Luego se alejará y criará su propia familia. Mientras tanto, la madre ya se ha apareado nuevamente y en su interior crecen tres nuevas crías. La patrulla de limpieza de glotones de la tundra y los lejanos bosques del norte ha producido una nueva generación, y sigue fortaleciéndose.

Retrospectiva

■ Vuelve a observar las crías de glotones de las páginas 20 y 21. El pelaje de una cría de glotón tiene un color diferente del pelaje de un adulto. ¿Todavía es blanco el pelaje cuando la cría tiene ocho semanas de edad? Para averiguarlo, mira las crías de la página 25.

■ Observa las garras del glotón de la portada. Ahora busca en el libro otras fotos de glotones en acción. ¿De qué manera estas grandes y fuertes garras ayudan a este carroñero?

■ Vuelve atrás en el libro y compara el aspecto que el hogar de los glotones tiene en invierno y en verano. Casi todas las crías de glotones nacen a fines del invierno, en febrero o marzo. ¿Por qué crees que eso ayuda a que las crías de los glotones sobrevivan?

Glosario

CARROÑA: cadáver de un animal del que se alimentan los animales carroñeros

CARROÑERO: animal que se alimenta de animales muertos

CRÍAS: los cachorros de glotón

DEPREDADOR: animal que caza y se alimenta de otros animales para sobrevivir

GLÁNDULAS ANALES: partes del cuerpo ubicadas en la parte trasera, que producen sustancias químicas que el animal deposita o rocía para comunicarse

GUARIDA: lugar protegido para criar, dormir y comer; la glotona cava una madriguera y túneles y allí cuida a su camada

PRESA: animal que un depredador caza para comer

RASTRO: olor que un animal deja detrás de sí

RESERVA: lugar donde se almacena alimento

SENTIDO DEL OLFATO: capacidad de un animal para detectar olores

TERRITORIO: área que un glotón reclama y dentro de la cual busca alimento

TUNDRA: planicie casi absoluta, sin árboles, que se extiende entre el Círculo Polar Ártico y los bosques de América del Norte, Europa y Siberia

Información adicional

LIBROS

Brimner, Larry Dane. *Polar Mammals*. Nueva York: Scholastic Library, 1997. En este libro, los glotones aparecen para ilustrar la forma en que los animales enfrentan la vida en las regiones polares.

Day, Trevor. *Taiga*. Oxford, Reino Unido: Raintree/Steck Vaughn Publishers, 2003. El texto y las ilustraciones ofrecen una visión detallada de los bosques del norte, donde crecen algunos de los árboles más altos del mundo y donde viven los glotones.

Somerville, Barbara. *Animal Survivors of the Arctic*. Nueva York: Scholastic Library, 2004. Este libro muestra un panorama del ecosistema ártico, los glotones y otros animales que viven allí, y cómo los animales de población reducida se están recuperando.

VIDEOS

Arctic Kingdom—Life at the Edge. Washington, D.C.: National Geographic, 1998. Esta película describe de manera impactante uno de los ambientes más hostiles del planeta y estudia cómo los glotones y otros animales sobreviven en él.

Wild Europe: Wild Arctic. Boston: WGBH, 2000. Esta película investiga los glotones y otros animales del Ártico y su ecosistema.

SITIO WEB

The Alaska Zoo

http://www.alaskazoo.org/willowcrest/wolverineshome.htm
Este sitio Web aporta información sobre los glotones en la vida silvestre y tiene fotografías y texto sobre Wilbur y Jenny, dos glotones que viven en este zoológico.

Índice

Con cariño para mis buenos amigos Keith y Marion McQuillan

La autora desea agradecer a Craig Gardner, Howard Golden y Jack Whitman, biólogos de la vida silvestre que trabajan en el Departamento de Caza y Pesca de Alaska de la División de Conservación de la Vida Silvestre; y a la Dra. Audrey Magoun, investigadora principal del estudio de crías de glotones del Wolverine Project, jefa del Living Legacy Trust Boreal Wolverine Project, codirectora de la Fundación Wolverine, también del Departamento de Caza y Pesca de Alaska. La autora desea expresar también un agradecimiento especial a Skip Jeffery por su ayuda y apoyo durante el proceso creativo.

Agradecimiento de fotografías
Las fotografías presentes en este libro se utilizan con autorización de: © Antti Leinonen, págs. 1, 3, 5, 7, 10, 11, 19, 23, 31, 33, 37; © Michael H. Francis, págs. 9, 25, 26, 27; © Dale Pedersen, págs. 13, 20, 21, 29, 32, 35; © Daniel J. Cox/naturalexposures.com, págs. 15, 17, 34. Portada: © Daniel J. Cox/naturalexposures.com.

Traducción al español: copyright © 2008 por Lerner Publishing Group, Inc.
Título original: *Wolverines*
Copyright del texto: © 2005 por Sandra Markle

Todos los derechos reservados. Protegido por las leyes de derechos de autor internacionales. Se prohíbe la reproducción, almacenamiento en sistemas de recuperación de información y transmisión de este libro, ya sea de manera total o parcial, de cualquier forma y por cualquier medio, electrónico, mecánico, de fotocopiado, de grabación o de otro tipo, sin la autorización previa por escrito de Lerner Publishing Group, Inc., excepto por la inclusión de citas breves en una reseña con reconocimiento de la fuente.

La edición en español fue realizada por un equipo de traductores hablantes nativos del español de translations.com, empresa mundial dedicada a la traducción.

ediciones Lerner
Una división de Lerner Publishing Group, Inc.
241 First Avenue North
Minneapolis, MN 55401 EUA

Dirección de Internet: www.lernerbooks.com

Library of Congress Cataloging-in-Publication Data

Markle, Sandra.
  [Wolverines. Spanish]
  Los glotones / por Sandra Markle.
    p. cm. — (Animales carroñeros)
  Includes bibliographical references and index.
  ISBN 978—0—8225—7732—4 (lib. bdg. : alk. paper)
  1 Wolverine—Juvenile literature. I. Title.
QL737.C25M2918 2008
599.76'6—dc22   2007004093

Fabricado en los Estados Unidos de América
1 2 3 4 5 6 — DP — 13 12 11 10 09 08

LEE ANIMALES DEPREDADORES, UNA SERIE JUVENIL DE NO FICCIÓN ESCRITA POR SANDRA MARKLE

Los cocodrilos

Los tiburones blancos

Los leones

Los lobos